Bibliografische Information der Deutschen Nationalbibliothek:

Die Deutsche Bibliothek verzeichnet diese Publikation in der Deutschen National-
bibliografie; detaillierte bibliografische Daten sind im Internet über http://dnb.d-
nb.de/ abrufbar.

Impressum:

Copyright © 2013 GRIN Verlag
Druck und Bindung: Books on Demand GmbH, Norderstedt Germany
ISBN: 9783668622739

Dieses Buch bei GRIN:

https://www.grin.com/document/376580

Méthode Kpetehogbe

Das Lehren und Lernen der deutschen Sprache in Sekundarschulen Benins

Beispiel von CEG ZINVIE. Stand und Perspektiven

GRIN Verlag

GRIN - Your knowledge has value

Der GRIN Verlag publiziert seit 1998 wissenschaftliche Arbeiten von Studenten, Hochschullehrern und anderen Akademikern als eBook und gedrucktes Buch. Die Verlagswebsite www.grin.com ist die ideale Plattform zur Veröffentlichung von Hausarbeiten, Abschlussarbeiten, wissenschaftlichen Aufsätzen, Dissertationen und Fachbüchern.

Besuchen Sie uns im Internet:

http://www.grin.com/

http://www.facebook.com/grincom

http://www.twitter.com/grin_com

Inhaltsverzeichnis

Widmung

Meinen Eltern Théophile Kpetehogbe und Léontine Adangnin

Meinen Geschwistern Sophie, Pierrette, Emmanuel und Samson Kpetehogbe

Meinen jüngsten Nichten Espérance V.Tatiana, Victoire S. Kpetehogbe und Neffe Michel S. Loko

Meinen lieben Freunden und Freundinnen widme ich diese Arbeit.

Danksagung

Dieses Thema wird im Rahmen meiner Diplomarbeit „B.A.P.E.S" : Brevet d'Aptitude au Professorat de l'Enseignement Secondaire in der Pädagogischen Hochschule Porto-Novo (Ecole Normale Supérieure de Porto-Novo) verfasst.

Die vorliegende wissenschaftliche Arbeit wäre nicht zustande gekommen ohne die Beiträge engagierter Wissenschaftler und großzügige Personen.

Mein Dank gilt meinem Betreuer Dr. Antoine Yaovi Hounhouenou für seine großzügige Betreuung und für seine konstruktive Kritik.

Dem Fachberater Herrn Dègnidé Houmenou für die zahlreichen Seminare und Fortbildungstagungen sowohl in der Pädagogischen Hochschule Porto-Novo als auch bei den „Animation pédagogiques".

Dem Fachberater Herrn Emmanuel Yehouenou, ohne dessen Hilfe und Motivation ich nicht zustande als beruflicher Lehrer wäre.

Dem Direktor der Pädagogischen Hochschule Porto-Novo (ENS)

Dem Dozenten Dr. Degbevi C. Athanase und dem Fachberater Herrn Aubenas Augustin für ihre engagierte Betreuung im Rahmen meiner akademischen und beruflichen Ausbildungen.

Dem Direktor meiner Schule CEG Zinvie Herrn Gbetchedji J. Pierre für seine konstruktiven Beiträge und Hilfsbereitschaft bei dem Antworten des Fragebogens.

Den Mitgliedern der Verwaltung von CEG Zinvie Herren Yao Thomas, Aïzoun Timothée, Hounsa Simon ,Yessoufou Fataï.

An dieser Stelle möchte ich im Rahmen der Anfertigung der vorliegenden Arbeit meinen Diskussionspartnern, Deutschlehrerinnen und Lehrern für ihre Bestärkung, Kritik und Anregungen meinen Dank aussprechen.

Diese Arbeit konnte dank einer finanziellen Unterstützung der Regierung angefertigt werden.

Ich bedanke mich herzlich bei dem Präsidenten der Republik Benin, dem Regierungschef Dr. Thomas Boni Yayi für diese Initiative.

Und schließlich gilt jedem mein spezieller Dank für die Anfertigung dieser Arbeit.

1. Einleitung

Das Lehren und das Lernen der Sprache eines Volkes verbinden den Menschen mit den Sitten, Lebensarten, Denkweisen dieses Volkes. Eine Sprache, seine eigene Sprache beherrschen, gilt als wichtige Sache.

„Dass der Mensch wenigstens eine, die eigene Sprache beherrsche, ist die wichtigste Entwicklung. Wer die Ausdrucksfähigkeit vernachlässigt, lässt die Kinder verkümmern" erklärte der ehemalige Präsident der Forschungsorganisation „Max- Planck", Hubert Markl. Aus gutem Grund prägt sie unser Denken und Fühlen.

„Für den, der Deutsch als Fremdsprache erlernt, sind Wörter gleichsam Fenster in eine andere Welt. Sie befördern die Lust, sich auf eine fremde Welt einzulassen": Fügte Dieter Althaus (Zurzeit Thüringer Ministerpräsident an der XIV. Internationalen Tagung der Deutschlehrerinnen und Deutschlehrer in Jena und Weimar vom 3. bis. 8. August 2009). hinzu".

In diesem Sinne werden neue Überlegungen, Fragestellungen, Analysen und Perspektiven zum vorliegenden Thema: Das Lehren und das Lernen der deutschen Sprache in Sekundarschulen Benins zum Beispiel in CEG Zinvie von 2004 bis 2012: Stand und Perspektiven dargestellt. [1]

Viele Vorteile werden hier geboten, als Beispiele seien die praktischen Inhalte der Themen (Treffen zweier Kulturen 1. Lernsituation in Klasse 9 mit spezifischen Lehr- und Lernzielen oder die Integration in der Landeskunde.

Die Problematik des vorliegenden Themas wird wie folgt formuliert: Wie wird Deutsch als Fremdsprache in der Sekundarschule Zinvie gelehrt und gelernt und welches sind die Schwierigkeiten im Lehr- und Lernprozess? Auf diese Fragestellungen werden auf Basis von Analysen und objektiven Angaben mögliche Antworten vorgeschlagen. Bisherige

---

[1] Das Thema der vorliegenden wissenschaftlicher Arbeit ist das Ergebnis der Zusammenarbeit verschiedener Bestandteile des Erziehungssystems in Republik Benin. Deutsch als Fremdsprache (DAF) wird in Republik Benin schon in den sechziger Jahren in Sekundarschulen gelehrt. Von 1960 bis heute ist das Erziehungssystem Schwerpunkt mehrerer Tagungen und steht noch zur Debatte.

wissenschaftliche Arbeiten haben Antworten zum Thema DaF-Unterricht in Sekundarschulen Benins gegeben. Aber es gibt noch keine typischen Forschungen über die Sekundarschule Zinvie von 2004 bis 2012. Die Einführung von Deutsch als Fach in CEG Zinvie entstand ab 08. November 2004.

Über die Lehr-und Lernmethoden wird oft diskutiert und analysiert. Die in den zwei letzten Jahrzehnten in das Erziehungssystem Benins eingeführte APC-Methode-Reform lässt noch viele Schwierigkeiten beobachten. In diesem Kontext ist es von Relevanz, einen Überblick über das Fach „Deutsch als Fremdsprache" zu haben. Es geht hier um das Lehren und das Lernen der deutschen Sprache in der Sekundarschule Zinvie, den Stand, die Schwierigkeiten und Vorteile sowie die Perspektiven zur Entwicklung zukünftiger handlungsorientierter Deutschunterrichte.

Dank der in der Pädagogischen Hochschule von Porto-Novo Benins zertifizierten Lehrerausbildung zur Erlangung des „BAPES": Brevet d'Aptitude au Professorat de l'Enseignement Secondaire wird mir die Gelegenheit geboten, mich mit dem vorliegenden Thema auseinanderzusetzen: Das Lehren und das Lernen der deutschen Sprache in Sekundarschulen Benins zum Beispiel in CEG ZINVIE von 2004 bis 2012: Stand und Perspektiven.

In dieser Arbeit werden daher Verfahren zum DaF-Lehren und Lernen in CEG ZINVIE sowie Arbeitsbedingungen mit Ressourcen untersucht, die zusätzlichen Fragestellungen ausgewertet. Mit diesen geführten Analysen und gewonnenen Daten kann die Situation konkret verbessert werden. Diese Arbeit verfolgt zwei Ziele: Zum einem soll vorbereitend die Wichtigkeit von Deutsch- unterrichten in Republik Benin besonders im Bezirk Zinvie hervorheben. Dies ist eine notwendige Voraussetzung für die Entwicklung der deutschen Sprache in der Region. Zum anderen soll anhand eines Anwendungsbeispiels untersucht werden, welche grundlegenden globalen und spezifischen Lehr-und Lernziele benötigt werden. Zu diesen Anfragen werden weiterhin Daten im Rahmen der Schule, Fragebögen, Umfrage, Interviews beispielhaft implementiert.

Um diese Ziele zu erreichen, wird wie folgt vorgegangen:

Zuerst werden im Kapitel 1 die Problematik des Themas festgelegt dann eine Erklärung des Forschungsrahmens gemacht:ein Überblick über die Einführung von Deutsch als Fremdsprache ins Bildungssystem Benins und Zinvie, die Zielsetzungen der Untersuchung und Hypothesen gegeben. Im Anschluss wird die Forschungsmethodologie dargestellt.

Im Kapitel 2 werden die Ergebnisse, ihre Diskussionen und Auswertungen, Lösungsversuche sowie Vorschläge vorgestellt.

Der letzte Teil enthält die Bilanz der Untersuchung und die Perspektiven des Deutschunterrichts in Benin.

Was das hier angewandte Forschungsverfahren angeht, haben wir uns für die empirische Sozialforschungsmethoden entschieden.

Kapitel 1: Theoretische Aspekte und Forschungsmethodologie

1.1 Theoretische Aspekte

1.1.1 Darstellung der Problematik

Sprache ist ein Kommunikationsmittel und Werkzeug, um miteinander zu denken und zu lernen.

Seine eigene Sprache zu beherrschen, zu sprechen und damit arbeiten zu können ist sehr bedeutungsvoll. Wenn aber ein Mensch andere Fremdsprachen erlernt und beherrscht, wird er universell und kann seine Kraft der Verhandlung sowie der Herrschaft ausüben.

Die vorliegende Arbeit mit dem Thema:„ Das Lehren und das Lernen der deutschen Sprache in Sekundarschulen Benins zum Beispiel in CEG ZINVIE von 2004 bis 2012:Stand und Perspektiven" versteht sich als ein Beitrag für die Zukunftsperspektiven des Deutschunterrichts und des Lehrpersonals sowie der Deutschlernenden im Rahmen meiner Diplomarbeit.

Mit diesem Thema möchte ich die Problematik des DaF-Unterrichts wieder in Frage stellen. Anders gesagt die Funktion des Deutschunterrichts im beninischen Schulsystem, ihre Einflüsse im sozialen und wirtschaftlichen Leben, die Schwierigkeiten im Lehr-und Lernprozess und schließlich die Zukunftsplane für die Fremdsprache Deutsch in Sekundarschulen Benin besonders in der Sekundarschule Zinvie untersuchen.

Diese Annäherung und Darstellung der Lage entstanden aufgrund persönlicher Erfahrungen als Schüler, Student und Lehrer sowie aus Gesprächen, Interviewen mit afrikanischen beziehungsweise beninischen Lehrern und Wissenschaftlern.

Diese Schrift wird sicher zur Verbesserung der Unterrichtspraxis der Fremdsprache Deutsch beitragen.

1.1.2 Literatur zum Thema

Bei der Forschung habe ich einige wissenschaftliche Arbeiten und Bücher gelesen:

- ZOMAHOUN Akpaki Yves Magloire:Relevanz der Neuen Bildungspläne im Lehren und Lernen des Deutschen in der Republik Benin ENS, PORTO NOVO 2008) Memoire zur Erlangung des CAPES. In dieser wissenschaftlichen Forschungsarbeit hat uns ZOMAHOUN gezeigt, wie wir in Benin bis zu Neuen Bildungsplänen gekommen sind und was sie uns mitgebracht haben, besonders bei dem Lehren der deutschen Sprache. Durch seine Analyse wird erklärt, dass diese Bildungspläne immer mehr verbessert werden sollen.

- DEGBEVI Comlan Athanase: L'Enseignement de l'Allemand au secondaire: Quelques problèmes et leurs approches de solutions, ENS, PORTO NOVO (2001):
Hier handelt es sich um Probleme und Lösungsversuche des Lehrens und Lernen in BENIN. Der Autor des Werkes ist DEGBEVI Comlan Athanase .In diesem Memoire von CAPES hat er die Geschichte des Lehrens der deutschen Sprache in Benin erzählt. Er hat auch die Schwierigkeiten beim Lehr-und Lernprozess überprüft: Es geht um die Probleme in Didaktik, mit Lehrbüchern, Methodologie und Pädagogik. Schließlich hat er einige Lösungen vorgeschlagen.

- OGOUDEDJI O. Valentin: Le Manque d'Intérêt des élèves pour l'apprentissage de l'Allemand au Bénin: cas de certains Etablissements publics et privés de Parakou de 1998 à 2003,, ENS, PORTO NOVO 2005; In seinem Werk schreibt OGOUDEDJI O. Valentin über die aller möglichsten Faktoren dieses Desinteresse der Deutschlernenden sowie die Lösungsversuche aber der Fachsprachunterricht wird heutzutage mit der APC Methode und auch mit neuen didaktischen Materialien durchgeführt.

- BOKO Gabriel C: "Méthodologie de la recherche en Sciences Humaines,, UAC 2011.
Hier wird die Art und Weise wie eine wissenschaftliche Arbeit geführt wird, gestellt.
Daher gibt es Regeln und Prinzipien bei der Forschung.

- MOUSTAPHA Moussiliou A.: Introduction aux matériels didactiques, UAC 2012. Er hat von den didaktischen Materialien im Lehr-und Lernprozess gesprochen.

- HOUEDENOU Florentine: Ethique et Enseignement, UAC 2012
In diesem Buch hat man die Rechte und Pflichten der Lehrer sowie der Schüler in unseren Schulen erklärt.

-BABALOLA Clément O. Problématique d'intégration des langues nationales dans le système éducatif: contribution aux nouveaux programmes d'études, 2002
In dieser Arbeit wird eine Erfahrung mit den nationalen Sprachen geführt. Die Erfahrung betrifft, wie diese Sprachen in das Bildungssystem eingeführt werden können.

-MEYER Hilbert: Unterrichtsmethode, Berlin, Cornelsen, 1991
Es geht hier um die Theorie und das Verfahren des Unterrichts.

-Ihr und Wir plus: Band 1,2,3 Didaktische Materialien: damit werden Unterrichtsentwürfe vorbereitet.

-LAROUSE Dictionaaire poche plus Français – Allemand; Allemand – Français, LAROUSE Paris, 2008

-Ministère des enseignants primaire et Secondaire: Guide pédagogique, classe de quatrième Allemand, version expérimentale, 2006

1.2. Forschungsrahmen

1.2.1 Einführung der Fremdsprache Deutsch ins Erziehung und Bildungssystem Benins

Die Forschungen und Umfragen über den Schwerpunkt wann, wie und warum wurde Deutsch als Fremdsprache in Benin eingeführt, erweisen folgende Ergebnisse. Deutsch wurde in den 50er (fünfziger Jahren) vor der Unabhängigkeit (in Benin) durch Konfessionsschulen: Colleges Notre Dame des Apôtres, Père Aupiais und Cours Protestant (Cotonou) eingeführt. Missionare (Père DUJARIER Deutschlehrer in College Père Aupiais) und Mademoiselle CHAWIN Deutschlehrerin in Notre Dame des Apôtres beschäftigten sich mit dem Lehren der deutschen Sprache).

Von 1962 – 1963 wurde Deutsch offiziell in den Sekundarschulen gelehrt und gelernt. Das Gymnasium Lycée Béhanzin von Porto-Novo war die erste Schule für dieses Experiment. Im Vergleich mit Senegal, Côte-d'Ivoire, Togo, oder Kamerun wurde die Goethesprache schneller als in Benin wegen kolonialer Herrschaft und Einflüsse französischer Amtssprache vermittelt.

Welches sind aber die Gründe der Motivation zum Deutschunterricht vor und nach der Unabhängigkeit in Benin?

1.2.2 DaF-Unterricht in Benin: Ziele und Gründe

Oben haben wir einen Überblick über die historische Entwicklung der Fremdsprache Deutsch gemacht. Man sieht hier die wichtige Rolle der Missionare in diesem Bereich. Sie hatten folgende Ziele zu erreichen:

- Menschen bilden können, um die gute Nachricht in anderen Sprachen zu vermitteln.
- Dabei wollen sie auch die Völker erziehen und bilden, das heißt gute und qualifizierte Menschliche Ressourcen zu ihrer Verfügung vorbereiten.
- Der beninische Staat hat aber nur ein Ziel: Fremdsprachen lernen, um einfach kommunizieren zu können.

Das Ziel des Lehrens der deutschen Sprache im Rahmen der „Ecole Nouvelle" ist es das Sprachniveau und dadurch die Kommunikation je nach den Bedürfnissen im Land zu verbessern sowie die Herausforderungen der verschiedenen Fachrichtungen der Realschule (Enseignement moyen général Niveau II zu erreichen.

- Das Lehren der Fremdsprache Deutsch sollte

a) Die mündliche und schriftliche Ausdrucksfähigkeit bei den Lernenden der Literatur ermöglichen.

b) Das Verständnis mündlicher Reden , wissenschaftlicher und technischer Texte bei den Lernenden in technischen Serien. Mittel, um diese Ziele zu erreichen waren:

-Die Beherrschung der Strukturen in Grammatik und Themen (Grund Kenntnisse)

-Die Erarbeitung von Texten, die dem Lernenden erlauben oder begünstigen kann, Deutsch in Afrika und auf der ganzen Welt zu sprechen.

Die Lernenden benutzen damals in den zwei ersten Jahren des Deutschunterrichts „Yao lernt Deutsch" I und der Band II gilt für alle Klassen (alle Fachrichtungen)

Die Lernenden im zweiten (2.) und dritten (3.) Jahrgang der technischen Fachrichtungen werden technische, wissenschaftliche und wirtschaftliche Wörter und Ausdrücke erlangen. In Literatur-Fachrichtung im dritten Vierteljahr (2. Jahrgang) studieren die Lernenden Texte im Zusammenhang mit der Doktrin von „Ecole Nouvelle"

Wir erwähnen hier die Schulen, die mit den Erfahrungen im Deutschunterricht in den 70er Jahren anfingen.

Etablissements pilotes :

Lycées Toffa (1er) Ouéme Mafory Bangoura (Zou) Mathieu Bouké (Borgou), CEMG GBEGAMEY. Collèges d'Enseignement Moyen Général, AKPAKPA Centre, Ouidah, Calavi und später Sègbèya (Littoral), CEMG d'Abomey, Savalou, Bohicon (Zou), Die Sekundarschulen ; CEG Kandi (Borgou, früher), Natitingou , (Atacora), CEMG Lokossa, Comè, Akplahoué in Mono. Es gab aber viele Schwierigkeiten im DaF-Unterricht: Mangel an didaktischen Materialien, an qualifiziertem Lehrpersonal, Übereinstimmung der Inhalte der Lernwerke mit den Realitäten im Land.

Die **Deutschlehrer** waren Fremde; Missionare aus Elsaß – Franzose Assistenten im technischen Bereich (Assistants techniques français) Mit dem Programm „Schwerpunkt" Dokument 1(Anhang) wollte die deutsche Regierung das Lernen der deutschen Sprache im

Süd Sahara fördern. Einheimische Deutschlehrer werden gebildet, um Deutsch zu lehren. Missionare und fremde Deutschlehrer werden allmählich zurückfahren. In den 80er Jahren gab es vier erste beninische Deutschlehrer mit BAPES und vier mit CAPES. Unterrichtsexperten beschäftigten sich mit der Ausbildung der Deutschlehrer, aber es war nur Côte d'Ivoire diese Beachtung gelungen. Das erklärt die hohe Anzahl der Stipendiaten. Benin sollte auf ein Jahrzehnt warten, um ihren ersten Koordinator namens Dr. Hartmut Brie zu empfangen. Er war mit der Ausbildung der Deutschlehrer in der Pädagogischen Hochschule Porto-Novo: Ecole Normale Supérieure verantwortlich. Wegen der in Benin herrschenden Ideologie über den „Marxisme-Leninisme" konnte das Land keine Stipendien aus der damaligen Bundesrepublik Deutschlands bekommen, weil der Koordinator auch von der BRD kam.

Später wurden deutsche Freiwilliger nach Benin gesendet, um Deutsch zu lehren, was den Einheimischen nicht sehr gut gefiel. Die Anzahl der Deutschlernenden wurde niedrig aber aus diesen Kategorien entstanden beninische Deutschlehrer, die ihre akademische Ausbildung an der Universität d'Abomey- Calavi und in ENS bekamen. Diese Epoche wurde auch durch den Mangel an Deutschlehrern bezeichnet.

Was geschieht aber mit der Sekundarschule Zinvie?

1.2.3 Überblick über die Sekundarschule Zinvie im Süd Benin

Der Bezirk Zinvie liegt in der Gemeinde Abomey- Calavi südlich Benins mit einer Bevölkerung von etwa 13.212 im Jahr 2002. (Benin Wikipedia) Seine Fläche ist ungefähr 3600 Hektar.

Deutschunterrichte fingen am achten November 2004 mit dem Direktor Francois Dorothée AGUEH an, der die Förderung der deutschen Sprache in der Sekundarschule Zinvie machen wollte. Der erste Deutschlehrer war Méthode D. KPETEHOGBE. Im Schuljahr 2004-2005 gab es die Klasse 9 mit 65 Schülern und die Klasse10 mit 41 Schülern. Im Schuljahr 2008-2009 kam der zweite Deutschlehrer namens JULIEN DOUMATE. Die Lernenden zeigen sehr früh ihren großen Willen für das Lernen der deutschen Sprache. Heute lehren einige Studenten, die Germanistik an der UAC studiert haben. Andere Abiturienten unterrichten mit Licence oder der Maîtrise- Arbeit Französisch, Philosophie, Geografie und Geschichte, Englisch. Manche Studenten sind in anderen Bereichen tätig: Verwaltung im Rathaus,

Polizeiwache, Bundeswehr, Kommerz, Sportunterricht, Primarschule. 100% sind berufstätig und freuen sich über ihre Ausbildung. Mehr als 50% arbeiten in einer Schule als Lehrer.

Im Schuljahr 2011-2012 besuchten etwa 1500 Schüler die Sekundarschule Zinvie; 32 pädagogische Gruppen von Klasse 7 bis Klasse 13. Im Schuljahr 2012-2013 besuchten 1380 Schüler CEG ZINVIE. Die Lehrer arbeiten mit 30 pädagogischen Gruppen. Die Verwaltung besteht aus einem Schuldirektor, zwei Zensoren, zwei Betreuern, einem Buchhalter, drei Sekretärinnen. Es gibt eine Bibliothek aber noch keine Labor und Krankenzimmer. In der Umgebung besuchen viele Schüler andere Privatschulen.

Meine Einführung in die Problematik stellt sich die Aufgabe des Deutschunterrichts in der Sekundarschule Zinvie zu untersuchen und ihre Zukunftsperspektiven ans Licht zu bringen.

Es stimmt, dass die Fremdsprachenkenntnisse eine große Rolle für die Wirtschaftsvernetzungen und internationale Kommunikation spielen.

General wurde erst Anfang 1960er Jahre Deutschunterricht in das Bildungssystem der meisten französischsprachigen Länder Afrikas eingeführt. Einige Begriffe müssen aber erklärt werden, damit das Thema deutlicher und verständlicher sein wird.

1.3 Begriffsklärungen

1.3.1. Erziehung und Bildung

Es erscheint auch sinnvoll, in dieser Arbeit die Begriffe: Erziehung, Bildung, Deutsch als Fremdsprache, Unterricht, Lehren und Lernen zu erklären. Der Begriff der Bildung wird häufig in Zusammenhang mit dem Begriff Erziehung genannt und wird dennoch von diesem unterschieden. Nach Wolfgang Brezinka ist „ Erziehung eine Lebenshilfe- die Persönlichkeit anderer Menschen zu unterstützen". Heutzutage beschäftigen sich viele Institutionen mit der Erziehung. Das Elternhaus, die Kindergärten, die Elementar- und weiterführenden Schulen sowie viele gesellschaftliche Institutionen befassen sich damit.

Das Kind erfasst durch die Familie, die Schule und andere gesellschaftliche Institutionen Impulse, die es ihm ermöglicht, seine Persönlichkeit zu entfalten. Deshalb sagte Klafki: „

Erziehung kann beschrieben werden als die Einwirkung auf die individuelle Entfaltung der Person zur Persönlichkeit."

Die Bildung trägt zur Entfaltung einer harmonischen Persönlichkeit des Individuums bei, deshalb definierte Julius Nyerere, der erste tansanische Staats Präsident, Bildung in seiner Rede im Jahr 1974 zur Eröffnung des afrikanischen Seminars in Dar es Salam als„ die in einer Gesellschaft angesammelte Weisheit und ihr Wissen von einer Generation an die nächste zu vermitteln und die jungen Leute auf ihre zukünftige Mitgliedschaft in dieser aktiven Anteilnahme an ihrer Aufrechterhaltung oder Weiterentwicklung Anzuleiten.

Bildung wird als Ziel des pädagogischen Prozesses betrachtet und geht mit der Erziehung zusammen, da sie beide Kernwörter der Pädagogik sind. Mit der Erziehung denkt man an das Handeln, die Mündigkeit des Menschen, während Bildung durchaus als ein lebenslanger Prozess verstanden werden kann.

Das Französisch Wort „Education" bezeichnet einen Entwicklungsprozess unbegrenzter Dauer, der die „ deutschen "Begriffe Bildung und Erziehung umfasst. In dieser Arbeit werden beide Begriffe bedeutungsgleich und in der vorliegenden Arbeit stehen Deutsch als Fremdsprache und Deutschunterricht im Mittelpunkt.

1.3.2   Zum Begriff Deutsch als Fremdsprache

Der Begriff Deutsch als Fremdsprache (DaF) ist hier eindeutig und bedarf keiner weiteren Erläuterung. DaF wird gelernt und gelehrt. Die Anwendung von DaF ist aber ein Problem oder trifft Schwierigkeiten beispielhaft in CEG Zinvié. Laut Deutschem universalen Wörterbuchs (DUW), ist eine Fremdsprache eine Sprache, die sich jemand nur durch bewusstes Lernen aneignet, Sprache, die nicht jmds. Muttersprache ist " In dieser Arbeit soll DaF als berufliche und akademische Disziplin verstanden werden. Es werden folgende Aspekte überprüft: Lehrerfortbildung, Studentenaustauch, Schüleraustausch, Entwicklung von Materialien, gemeinsame wissenschaftliche Tagungen oder Sitzungen, Sprachfluss, schriftliche und mündliche Ausdrucksfähigkeiten unter anderen. DaF ist international und wird im Unterricht oder spontan von Menschen aus verschiedenen Kulturen mit unterschiedlichen Ausgangsprachen, Lerntraditionen und Lernzielen gelernt.

Aus Wikipedia, der freien Enzyklopädie Stand 7.10 .12 Deutsch als Fremdsprache (DaF) bezeichnet den Status der deutschen Sprache für alle Sprecher oder Lerner, deren Muttersprache nicht Deutsch ist. Daneben bezeichnet es auch den Deutschunterricht und die entsprechende Didaktik für Menschen sowohl in deutschsprachigen als auch in anderssprachigen Ländern oder Gebietens.

Dies betrifft (nach Eurobarometer) allein in der Europäischen Union mindestens 55 Millionen Personen (Vgl.; die Angabe von gut 14 millionen des Goethe Instituts aus dem Jahr 2010 Deutsch als Fremdsprache weltweit : Datenerhebung 2010).

DaF steht für,, alle Unterrichtspraktischen und wissenschaftlichen Aktivitäten, die sich mit der deutschen Sprache und Kultur der deutschsprachigen Länder [...] beschäftigen".

Im engeren Sinne spricht man von Deutsch als Fremdsprache, wenn die deutsche Sprache im Ausland erworben wird und nicht zum alltäglichen Gebrauchen notwendig ist. Die Vermittlung der deutschen Sprache erfolgt dabei gesteuert, das heißt im Fremdsprachenunterricht. Deutsch als Fremdsprache wird meist mit dem Ziel eines Studien oder Arbeitsaufenthaltes in Deutschland oder einem deutschsprachigen Land erworben.

Das akademische Fach Deutsch als Fremdsprache

Das Fach Deutsch als Fremdsprache entwickelte sich rund der 60er Jahre insbesondere aus zwei Gründen : Zum einen stieg die Zahl und der ausländischen Studierenden in der BRD und der ehemaligen DDR, zum anderen nahm die Anzahl von Migranten in Deutschland zu, Daraus resultierte der wachsende Bedarf an ausgebildeten DaF-und DaZ- Lehrkräften. Dieser Bedarf schlägt sich in vielfältigen Studiengängen und der Professionalisierung der Ausbildung von DaF - / DaZ – Lehrkräften nieder.

Historische Entwicklung des Faches Deutsch als Fremdsprache.

1956 wurde das Institut für Ausländerstudium an der Leipziger Universität (seit 1961) Herder-Institut) gegründet, an dem ausländische Studierende auf ein Fachstudium in Deutschland vorbereit wurden. Ab 1970 bot die Universität Heidelberg einen spezifischen germanistischen Studiengang für ausländische Studierende an. Den ersten Lehrstuhl für DaF besetzte Gerhard Helbig in den 60er Jahre am Herder Institut der Universität Leipzig. 1980 gliederte man dem Herder Institut die Zentrale Schule für ausländische Bürger zur sprachlichen Vorbereitung auf die Produktion technische Ausbildung an, die schon seit 1962 existierte, Im Jahr 1975 wurden ein weiterer Lehrstuhl in Hamburg und 1978 weitere Lehrstühle in München und in Bielefeld eingerichtet.

1.3.3   Zum Begriff Unterricht:

Unterricht kann verstanden werden als ein organisiertes Lehren und Lernen". Das heißt Lehren und Lernen wird im Unterricht in der Regel geplant und systematisch durchgeführt. Nacht Wiater kann Unterricht verstanden werden als:

„Interaktionsgeschehen, bei dem Schüler/Schülerinnen (Kinder/ Jugendliche) unter Anleitung professioneller Erwachsener (Lehrerinnen/ Lehrer) in einem planmäßig initiierten und unterstützten Lernprozess in eigens dazu errichteten Institutionen (Schulen) zum Zwecke ihrer Sozialisation, Qualifikation und Personalisation ausgewählte Inhalte der Kultur aufnehmen und weiter entwickeln " Vgl.-Dietmar Rössler, 1994.

1.3.4   Das Lehren und das Lernen

„Lernen kann als der Prozess beschrieben werden, durch den ein Organismus sein Verhalten als Resultat von Erfahrung ändert. Da diese Definition täuschend einfach aussieht, sollten wir ihre verschiedenen Komponenten genauer ins Auge fassen Die Annahme, dass Lernen Veränderungen beinhaltet, bedeutet auch, dass Lernen Zeit braucht. Um Lernen zu messen, vergleichen wir das Verhalten eines Organismus zum Zeitpunkt t1 mit dem zum Zeitpunkt t2, dies aber nur unter ähnlichen" in GUIDE PEDAGOGIQUE ALLEMAND Classe de 4e, Version Expérimentale, Direction de l'Inspection pédagogique, Porto Novo Septembre 2006 Seiten 7-8.

Drei Fachkompetenzen sind zu berücksichtigen: mündliche Ausdruckkompetenz, sachgemässige Reaktion auf das Gehörte oder das Gelesene, schriftliche Ausdruckkompetenz. Im Handlungs- und Schülerorientierten Unterricht werden Sprachfertigkeiten und Sprachfähigkeiten erworben.

Lehren bedeutet im engeren Sinne Kenntnisse, Fähigkeiten und Fertigkeiten vermitteln und die günstigen Entscheidungen beim Lernprozess in einer pädagogischen Situation treffen.

„Das Lehren ist ein Kommunikationsprozess, um das Lernen anzuregen".Legendre, 1993.
Die Trilogie der APC-Methode ist: Lehren- Lernen-Evaluieren. Es wird nach bestimmten
Kriterien evaluiert.

1.4   Forschungsmethodologie

Die Erarbeitung des vorliegenden Themas : Das Lehren und das Lernen der deutschen
Sprache in Sekundarschulen Benins zum Beispiel in CEG ZINVIE von 2004 bis 2012: Stand
und Perspektiven ist das Ergebnis eines Untersuchungsprozesses vieler Verantwortlichen
Akteuren im Erziehung und Bildungssystem, das heißt die Lernenden , das Lehrpersonal, die
Verwaltung der Schulen, die Fachberater und Wissenschaftler.

Die Verfassung der Arbeit wird sorgfältig und planmäßig ausgeführt. Die Untersuchung wird
nach folgenden Schritten orientiert:

1- Dokumentarische Forschung aufgrund bestimmter wissenschaftlicher Arbeiten,
   Artikeln zur Thematik
2- Umfrage durch Fragebogen und Interviews
3- Versammlung von Dateien (Angaben) in den Schulen
4- Genaue Ansicht, Darstellung der Angaben und Hypothesenbildung
5- Analyse der Ergebnisse und Hypothesenbildung
6- Darstellung und Vorstellung der Lösungsversuche
7- Grenzen der Untersuchung und neue Fragestellungen

1.4.1   Zielsetzungen

Globale Zielsetzungen

Diese Arbeit, die sich mit den Aspekten (Vorteilen, Chancen und Grenzen der Fremdsprache
Deutsch beschäftigt, lässt sich als eine Bilanz der wichtigsten Faktoren des Deutschunterrichts
und der Lehrer-Fortbildung in Sekundarschule Zinvie verstehen. Es handelt sich darum
herauszustellen, welche Probleme und Schwierigkeiten die Effektivität des Deutschunterrichts
beeinflussen.

Spezifische Zielsetzungen

Hintergrund dieser Analysen geht es darum auch, die Fähigkeit des Lernenden zur Kommunikationsbereitschaft, Schüleraustausch, Lern-Effizienz und Ergiebigkeit zu untersuchen. Ziel dieser Arbeit ist es zu untersuchen, wie heute in Sekundarschulen Benins beispielhaft in CEG Zinvie Deutschunterricht vorbereitet und durchgeführt wird und welches die Lösungen zur Verbesserung des Deutschunterrichts sind. Darüber hinaus sollen die Gelegenheiten der Lehrerbildung und Fortbildung dargestellt werden. Die wichtige Rolle der Lehrer wird also nicht unterschätzt. Die Untersuchungen sollen außerdem dazu beitragen, Empfehlung und Konzepte für neue Perspektiven des Deutschunterrichts in Benin und der LehrerKompetenz zu geben.

1.4.2 Hypothesenbildung

Unterschiedliche Probleme werden in der vorliegenden Arbeit dargestellt:

- Die Arbeitsbedingungen der Lernenden
- Der Inhalt der Unterrichte, das heißt der Unterrichtsstoff
- Die didaktischen Materialien
- Die akademische und berufliche Ausbildungen der Lehrer
- Objektive Fragestellungen werden formuliert, um die Ergebnisse untersuchen zu können.
-

Global wird die Frage gestellt, ob der Unterrichtsstoff wirklich zum Lehr-und Lernziel führen kann. Inwiefern wird der Deutschunterricht durch die obengenannten Faktoren beeinflusst werden. Durch Fragebögen und Interviews haben wir die Ergebnisse je nach der Art geordnet, damit die Analysen objektive Antworten geben können.

1.4.3 Dokumentationsarbeit

Die gelesenen und überprüften Artikeln und wissenschaftlichen Arbeiten haben zahlreiche Informationen über das Thema geboten. Hier handelt es sich um wissenschaftliche Arbeiten, Interviews und Reden. Bei der Versammlung war es schwierig alle Daten und Angaben zu benutzen, da sie viele Interessante Aspekte im Bereich DaF- Unterricht erwähnen. Wir haben nur einige Werke von deutschen und beninischen Autoren verwendet.

1.4.4 Methodologie der Untersuchung und der Durchführung

Die versammelten Ergebnisse wurden nach Kriterien untersucht:

-Schule, Ort

-Schüleranzahl, Mädchen und Jungen, Klasse

-Alter der Lernenden

-Herkunft und Wohnort

-Gründe der Auswahl des Faches Deutsch

-Vorteile der deutschen Sprache
-Meinungen über das Fach Deutsch

-Schwierigkeiten beim Lernen

-Deutschunterrichte in Sekundarschule Zinvie

-Vorschläge der Lernenden / der Lehrer /der Verwaltung

-Andere Daten am Beispiel nützliche Informationen zur Thematik

Die Ergebnisse sind tabellarisch dargestellt. Bei der Versammlung der Daten, wurden viele Personen befragt. Es geht um die Lernenden, die Lehrer, die Fachberater, Unterrichtsexperten und die Mitglieder der Verwaltung. Deutschlernende und DeutschlehrerInnen haben die Untersuchungsergebnisse eingereicht.

Aus Zeitgründen und Unzugänglichkeit an Materialien, konnte diese Forschung alle Aspekte des Themas nicht skizzieren. Kinder der Grundschule werden nicht befragt, obwohl eine Sprache am besten in der Kindheit gelernt wird.

Manche Händlerinnen haben noch keine Idee über die Vorteile der deutschen Sprache, obwohl sie sie beim Einkauf und Verkauf brauchen.

Kapitel 2: Darstellung, Analyse der Untersuchungsergebnisse und Perspektive

2.1 Darstellung und Analyse der Ergebnisse

2.1.1 Antworten der Teilnehmer

Die Antworten der Verwaltung, Lehrer und Schüler werden in diesem Teil dargestellt.

Antworten der Verwaltung : Stand :05 /12/2012 Tabelle 1

Name der Schulen	Anfang der Deutschunterrichte	Anzahl der Klassenzimmer	Lehrer	Anzahl der Deutschlernenden 2012-2013	Motivationen	Orientierung der Schüler	Interesse an dem Fach	Beiträge	Schwierigkeiten
CEG GBETO	Seit 2010	05	03 Lehrer	4e- 20 3e- 15 2ndeA- 15 1ereA- 10 TleA- 02	Wörter und Aussprache sind schwierig Auch die Grammatik	Die Sensibisation der Behörde und des Lehrpersonals	Mangel an didaktischen Materialien .Interesse der Schüler an dem Fach	Mangel an didaktischen Materialien .Unterstützung:Schulbesuch Mehr Motivationen durch Ermutigung ,Preise an den besten Lernenden;	Noch keine Schulbibliothek; Sie brauchen „Centre de loisirs" Forschungsinstitut

17

Schule	Seit		Lehrer	Schülerzahlen			Interesse		
CEG KPANROUN	Seit 2009	05	01 Lehrer 01Lehrerin	4e 100 3e 65 2ndeAB 38 1ereAB 27	Viele bestehen damit ihre Prüfungen BEPC	Sie sind durch die Lehrer und die Verwaltung motiviert. Dort lernen sie Physik und Chemie mit Deutsch. Noch kein Spanisch	Interesse der Schüler an dem Fach	Stipendien .Projekte im Zusammenhang mit der Ausbildung und der Erziehung schaffen bieten	Deutsch lernen auch in anderen Klassen mit technischen Fachrichtungen
CEG ZINVIE	Seit 2004	05	01 Lehrer	4e 35 3e 39 2ndeA 17 1ereA2 10 Tle A2 18	Aussprache der Wörter(ich spreche Z.B)	Deutsch mit Physik und Chemie ab 4e	Interesse der Schüler an dem Fach	Schüleraustausch	Sensibilisation Motivation Förderung der Fremdsprache Deutsch
PRIVATSCHULE St IGNACE de LOYOLA	Ferienkurs vor 2007-2008 Seit 2007-2008 Deutschunterricht	02	01 Lehrer	2011-2012 4e 03 2012-2013	Interesse an der deutschen Sprache	Deutsch mit Physik und Chemie	Interesse der Schüler an dem Fach Schülerausta usch mit	Partnerschaft mit deutschen Schulen	Mangel an angenehmen Unterrichtsräumen , Mediathek

ZINVIE				anderen deutschen Schulen		

Antworten der Deutschlehrer/in

Vier(4) Lehrer und eine(1) Lehrerin in der Region wurden befragt und haben folgende Antworten gegeben:

1. Schulen: CEG AKASSATO, CEG GBETO, CEG KPANROUN,CEG ZINVIE, COMPLEXE SCOLAIRE LA GRANDE ACADEMIE (ABOMEY-CALAVI),PRIVATSCHULE St IGNACE DE LOYOLA ZINVIE

2. Unterrichtspraxis : insgesamt mehr als fünf(5) Jahre

3. Schwierigkeiten im Unterricht: Motivationsproblem, Schwierigkeiten zum Erwerben der mündlichen und schriftlichen Ausdrucksfähigkeiten, Mangel an Lehrpersonal, Problem mit Schüleraustausch, Deutschclub gründen, Lebens- und Arbeitsbedingungen der Lernenden, die sozio-kulturellen und wirtschaftlichen Realitäten der Umgebung, der Umgang mit anderen Sprachen(Spanisch und lokalen Sprachen:Aïzo,Toffin,....)

4. Zur Schüleranzahl: im Schuljahr 2012-2013 wird die Anzahl niedrig in CEG ZINVIE(119) aber höher in CEG KPANROUN(230).

5. Die Spanisch lernenden sind mehr als die Deutschlernenden. Der Fall ist in CEG KPANROUN anders. Dort wird nur Deutsch als erste und zweite Fremdsprache gelernt und gelehrt. In CEG AKASSATO wenige Lernende sind in Klasse 10 (Troisième). In Complexe scolaire la Grande Académie lernen immer mehr Schüler Deutsch. In Privatschule St Ignace de Loyola gibt es Mangel an Klassenzimmern aber viele möchten in diesem Schulraum Deutschlernen.

6. Der Mangel an Motivation und Sensibilisierung sind Einflussfaktoren.

7. Stipendienträger in Deutschland.

8. Die Strategien, um viele Deutschlernende zu haben: Gute Unterrichtsvorbereitung, methodisch handeln und beruflich arbeiten, Lernende motivieren, den besten gratulieren, gute und angenehme Klassenzimmer gründen, Lehrer zu pädagogischen Sitzungen und Tagungen einladen.

9. Noch mehr Anstrengungen seitens des Staats, das heißt der Regierung; die Eltern sollen sich mehr um die Kinder kümmern; die Lehrer sollen sich auch mit ihrer beruflichen Arbeit gut beschäftigen.

10. Dieses Thema zur Erlangung der Diplomarbeit BAPES ist ein Instrument, um neue Strategien für das Lernen der Fremdsprache Deutsch zu finden.

Antworten der Deutschlernenden Tabelle 2

Klassen	Schülerzahl	Alter	Herkunft	Wohnort	Gründe des Deutschlernens	Auf die Frage wie findest du Deutsch?	Schwierigkeiten beim Lernen	Deutschunterrichte in der Sekundarschule Zinvie	Vorschläge
Klasse 9 Quatrième	35 Sch 20 Mädchen 15 Jungen	Von 12 bis 19 Jahre alt	YEVIE, ZINVIE, ZINVIE-ZOUNME, GBESSOU, KINTO, PORTO-NOVO, OUIDAH, SAVALOU	ZINVIE UND VIERTEL AGASA-GODOMEY	Deutsch sprechen,lesen,schreiben,verstehen können.In Deutschland sprechen und arbeiten	60%finden es einfach 71,42% gut 20% schwierig 11,42% Keine Antworten	Mangel an didaktischen Materialen, Lehrpersonal Erwerben der Ausdrucksfähigkeiten(mündich und schriftlich) Aussprache einiger Wörter auf Deutsch: Ich, wer, schwach…	Deutsch ist interessant Deutschunterricht gut	17,14% Den Lehrer aufmerksam hören,und gut lesen,sprechen,und schreiben, Aufgaben oft machen.Gute Erklärungen
Klasse 10 Troisième	39 Sch 16 Mädchen 23 Jungen	Von 14 bis 20 Jahre	Yevie, Kinto, Tofin Hounmey, Gbodjoko,Ahomey houmme,Zinvie Fandji,Abomey, Cove,Savalo,Adja,Zè,Togbota	ZINVIE und viertel	Eine gesicherte Zukunft mit besten Job:Journalist, Anwalt, Polizist, Dolmtscher sein/eigene Interesse,Erfolg haben und perfekt Deutsch sprechen;Deutsch ist sehr interessant,Reise machen		"gleiche Schwierigkeiten		Dieselbe Vorschläge wie Oben Auch Hörverständnis,auf Deutsch und Französisch erklären, einige möchten Deutschlehrer/in werden und AKTIV in der bilateralen Kooperation
Klasse 11 Secon	17 Sch 03	Von 15bis21	Porto Novo Hounmey, Kpé, Savalou,Yéviè	Zinvie und in den	Gleiche Antworten wie oben; Reisen und nach Deutschland machen	Gut,Erfolgreich,Super Hilfe der	Gleich	Gut aber mehr Anstrengun	Der soll uns Dokumente Mitbringen

de AB	Mädch en 14 Jungen		Dorfvie rteln	Botschafter werden	Eltern, des Staats, der Lehrer	...gen	Gleiche Probleme	gut	Grundkenntnisse wiederholen / Gleiche Vorschläge
Klasse Première A2	12	10 Lernende 03Mädchen 07Jungen	Von 17 bis 22 Jahre	Porto Novo,Abomey, Agonmey, Nougo	Zinvie und Viertel	Sein Land Vertreten, zum Beispiel In Deutschland, vor den deutschen Behörden sprechen,Informationen über das Land haben.Gute Arbeitsplätze in Im und Ausland haben	Gleiche Probleme	gut	Gleiche Vorschläge
Klasse Terminale A2	13	18 Lernende 07 Mädchen 11Jungen	Von 17 bis 24 Jahre	Anagbo,Houegoudo,Porto Novo,Glo,Yoruba,Kpé,Abomey-Calavi,Wawata,Sèdjè-Houégoudo,Sèdjè,Adjogansa	Zinvie und Viertel	Deutschlehrer würden. Business, gut Deutsch sprechen. verstehen, und Beziehungen und Brieffreundschaften Arbeit in der Gesellschaft finden ,Reise machen und in Deutschland arbeiten und dort auch auf Deutsch mitteilen			

Zusammenfassung der Ergebnisse

Wenn man die Lage auswertet, bemerkt man, daß viele Lernende sich für Deutsch interessieren und möchten sich viel anstrengen. Der Mangel an didaktischen Arbeitsmaterialien und Lehrpersonal ist schwierig. Sie haben auch Probleme im Bereich der Kommunikation in der deutschen Sprache. Es ist klar, daß viel noch zu tun bleibt. Ab Klasse 11 sind die Deutschlernenden von dem Fach und ihrer Wichtigkeit selbstbewusst und haben den großen Willen fleißig zu arbeiten. Am Ende der Auswertung, sieht man klar die wichtige Rolle, daß Deutsch vor den Lernenden hat. Trotzdem stellt man die Frage, ob es nur Schülersache ist.

2.1.2 Diskussion und Auswertung der Ergebnisse

2.1.2.1 Zur Gestaltung des Deutschunterrichts

Deutschunterrichte in Praxis in der Sekundarschule Zinvie

Schwierigkeiten bei den Unterrichtsphasen Tabelle 3		
Unterrichtsphase	Lehrer	Schüler
Einstieg ins Thema	Die Lernenden sollen vom neuen bewusst sein	Verständnis Neuer Wörter in deutscher Sprache
Vorentlastung	Die Lernenden sollen die Fragen sowie die Erklärungen verstehen	Hörverständnis wenn der Lehrer den Text schnell vorliest, wenn der Text schwierig ist , die Aussprache neuer Wörter
Ergebnissicherung	Erlaubt die Aktivität dieser Phase das Lehr und Lernziel erreichen zu können?	Die lernenden können nicht gut reagieren, wenn sie das Feed-back nicht verstehen.

2.1.2.2 Sprachfertigkeiten

Hier wird sich die Frage gestellt, wie man durch Unterrichtsstunden die vier Sprachfertigkeiten bei den Lernenden anregen kann: hören-sprechen-lesen-schreiben.

Welches Anregungsmittel passt am besten? Da ist die oft gestellte Frage der Lehrerinnen.

2.1.2.3 Die Landeskunde und der Umgang mit anderen Sprachen

Benin ist ein französischsprachiges Land .Die Amtssprache ist Französisch. In den Schulen gibt es viel Englischlernende. Spanisch scheint für die meisten einfacher als Deutsch. Deutsch ist aber eine wissenschaftliche Sprache, die von millionen Menschen gesprochen wird. Es bietet viele Chancen für das Lernen und das Lehren, die Studenten und den Beruf. Das wichtigste Problem ist es, dass viele Lernende keine Gelegenheiten nach dem Schulbesuch, um Deutsch zu sprechen, haben .Sie diskutieren lieber in den Muttersprachen (Fongbé, Yoruba, Gingbé, Aïzo, Tofingbé, Gungbé)

2.1.2.4 Zur Vermittlung des Deutschunterrichts: Unterrichtsformen/-Medien/-Phasen

Es ist ein allgemeines Problem mit den Schülern im Dorf, die Schwierigkeiten, um die Dokumente zu kaufen, haben. Die Schüler machen die Photokopie der Bücher im Programm mit Hilfe des Lehrers oder einige bestellen das Lehrwerk. Von 2004 bis 2009 (Schuljahr 2009 - 2010) arbeiten die Lernenden mit Ihr und Wir Band 1, Band 2, Band 3 und Band 4.

Klassen 9 und10 – (Ihr und Wir Band 1)

Klasse 11 Ihr und Wir Band 1 mit Großanfängern)

Klasse 12 Ihr und Wir Band 3/4

Klasse 13 Ihr und Wir Band 4

Hörübungen / Vorübungen werden gemacht (direkt) durch Lehrerstimme: Vorlesen des Textes.

Am Anfang des Schuljahrs 2010-2011 haben die Lernenden der Fremdsprache Deutsch die Möglichkeit die Bücher der Bibliothek benutzen können.

Ihr und Wir Band 1   23

Ihr und Wir Band 2   22
Ihr und Wir Band 3   22

Die Deutschlehrer können auch gute Deutschunterrichte vorbereiten, denn sie „Guides d'études und Programme" zur Verfügung haben.

Es werden auch Annalen am Beispiel «Deutschlernen bei Tun» Band 1 – 2 von Herrn YEHOUENOU Emmanuel (Deutschlehrer und Fachberater im Deutschunterricht verwendet. »Deutschlernen bei Tun «Band 1 gilt den Klassen 10, 11, 12. Deutschlernen bei Tun Band 2 gilt der Klasse 13, BTS und mehr.

Seit der Erscheinung der neuen Bände von Ihr und Wir plus 1, 2, und vor kurzer Zeit Ihr und Wir plus 3, die in Kraft treten, haben die Deutschlernenden Schwierigkeiten, um die Texte zu lesen, weil es noch keine Exemplare der neuen Erscheinungen gibt. Der Lehrer bietet den Lernenden die Photokopien bei der Textpräsentation und sogar mit den Grammatik Übungen.

Zweisprachige Wörterbücher (Deutsch-Französisch, Französisch-Deutsch gibt es kaum) Die Lernenden bezahlen die Wörterbücher selbst.

Audio und Video Spielgeräte existieren noch nicht.
Hier haben sie keine Gelegenheiten für intensive Hörübungen. Sie haben auch die Tatschen über Deutschland und deutschsprachige Länder mit den Augen zu beobachten.

Die Lage ist also sehr verständlich und das Lernen durch Audio und Video Materialien wird unmöglich, was eine schlechte Folge im Prozess der Integration der Lernenden hat.

2.1.2.5 Lehrpersonal und Deutschlernende

Zur Anzahl der Deutschlernenden von 2004 – bis 2012 Tabelle 4

Schuljahr	Klasse(n) 4e			4e			3e			2nde A			1ere			Tle A		
	Mäd	Jungen	Ges	Mäd	Jungen	Ges	Mäd	Jungen	Ges	Mäd	Jungen	Ges	Mäd	Jungen	Ges	Mäd	Jungen	Ges
2004-2005	18	33	51				03	38	41									
2005-2006			54						38			41						
2006-2007			54						35			41			30			
2007-2008	06	31	37				11	34	45	08	22	30	06	32	38	06	21	27
2008-2009							08	41	49	06	14	20	04	26	30	06	25	31
2009-2010						102			20			50			17			25
2010-2011						129			42			19			20			20
2011-2012						106			39			13			13			19
2012-2013	16	19	35				16	23	39	03	14	17	03	07	10	07	11	18

2.2 Perspektiven für den Deutschunterricht und Lösungsversuche

2.2.1 Die Kriterien eines guten Unterrichts von Hilbert Meyer

Hilbert Meyer : Zehn Merkmale guten Unterrichts (KRITERIEN MIX)

1. Klare Strukturierung des Unterrichts (Prozess – Ziel – und Inhaltsklarheit, Rollenklarheit, Absprache von Regeln, Ritualen und Freiräumen)
2. Hoher Anteil echter Lernzeit (durch gutes Zeitmanagement, Pünktlichkeit, Auslagerung von Organisationskram; Rhythmisieren des Tagesablaufs
3. Lernförderliches Klima (durch gegenseitigen Respekt, verlässlich eingehaltene Regeln, Verantwortungsübernahme, Gerechtigkeit und Fürsorge)
4. Inhaltliche Klarheit (durch Verständlichkeit der Aufgabenstellung, Plausibilität des thematischen Gangs, Klarheit und Verbindlichkeit der Ergebnissicherung)
5. Sinnstiftendes Kommunizieren (durch Planungsbeteiligung, Gesprächskultur, Sinn Konferenzen, Lerntagebücher und Schülerfeedback)
6. Methodenvielfalt (Reichtum an Inszenierungstechniken; Vielfalt der Handlungsmuster; Variabilität der Verlaufsformen und Ausbalancierung der methodischen Großformen)
7. Individuelles Fördern (durch Freiräume, Geduld und Zeit:; durch innere Differenzierung und Integration; durch individuelle Lernstandsanalysen und abgestimmte Förderpläne; besondere Förderung von Schülern aus Risikogruppen)
8. Intelligentes Üben (durch Bewusstmachen von Lernstrategien, genaue Übungsaufträge, gezielte Hilfestellungen und überfreundliche „Rahmenbedingungen)
9. Transparente Leistungserwartungen (durch ein an den Richtlinien oder Bildungsstandards orientiertes, dem Leistungsvermögen der Schülerinnen und Schüler entsprechendes Lernangebot und zügige förderorientierte Rückmeldungen zum Lernfortschritt)
10. Vorbereite Umgebung (durch gute Ordnung, funktionale Einrichtung und brauchbares Lernwerkzeug)
11. Didaktisches Sechseck

In: Hilbert Meyer: Was ist guter Unterricht? Berlin : Cornelsen 2004, Kaps 1.4, 2.1

2.2.2 Didaktische Materialien

Die didaktischen Materialien helfen den Lernenden und den Lehrern Kenntnisse, Fertigkeiten und Fähigkeiten, Haltungen erlangen zu können.

IHR UND WIR plus 1-2-3 Textbücher plus CD mit Arbeitsheft plus CD. Es gibt ein Lehrwerk für die Lehrer. Das Buch wurde von afrikanischen und deutschen Autoren aufgefasst und ist vom Goethe Institut Hueber Verlag aufgegeben. Siehe Anhang.

2.2.3 Geeignete Projekte für die Lernenden und die Bevölkerung begründen

Viele Befragten haben diese Frage gestellt: Warum lernt man eigentlich Deutsch in Benin? Wozu dienen das Lernen und das Lehren? Was gewinnen die beninischen Lehrer dabei? Wo liegen die Interessen der Lernenden? Inwiefern werden die Bevölkerungen von den Vorteilen der deutschen Sprache profitieren?

In Benin bekommen viele Schüler durch PAD Programm, Goethe Institut, Stipendien nach Deutschland .Durch DAAD für die Forschungsstipendien. Das Auswärtige Amt der deutschen Botschaft in Benin beschäftigt sich damit.

Die Erwartungen der Lernenden, Lehrer, Behörden und Bürger Innen sind riesig. Geeignete Forschungszentren werden sehr nützlich sein.

2.3 Intensives Deutsch lernen

Inwiefern wird Deutsch gelehrt und gelernt? Wie arbeiten die Lehrer und die Lernenden? Wie können sie wirklich mitteilen, wenn es noch an besten Handlungen fehlt. Wären ein Lebenslanges Lernen und Bildungsmanagement im Fachbereich nicht nötig? Es wäre sehr schön und interessant, wenn die Lernenden oft mit anderen auf Deutsch austauschen könnten. Beim Austausch lernt man noch viel. Durch Deutschclub, das heißt die Aktivitäten des Deutschclubs werden den Lernenden Sprechanlässe bieten. Individuelle und gemeinsame Beiträge der Teilnehmer Innen, Zusammenarbeit sind vorteilhaft.

Am Ende meiner Untersuchung werden neue Fragestellungen im Rahmen der vorliegenden Arbeit formuliert. Hat der Gesetzgeber sein Ziel erreicht?
Kommuniziert man wirklich in allen Bereichen auf Deutsch in Benin? Ist die Integration der Lernenden immer erfolgreich?

Schlussfolgerung

Am Ende der Analyse über das Thema: Das Lehren und das Lernen der deutschen Sprache in Sekundarschulen Benins zum Beispiel in CEG ZINVIE Von 2004 bis 2012: Stand und Perspektiven, erweist sich die Bilanz von 2004 bis 2012 als positiv. Jedoch gibt es Mängel in manchen Bereichen am Beispiel im organisatorisch- methodisch fachlichen DaF-Unterricht. Es fehlt eine konkrete Politik zur Sensibilisierung, Motivation und Ermutigung der Lernenden. Die Anzahl des Lehrpersonals bleibt noch sehr niedrig. Es gibt noch keine Politik für die Integration der Lernenden in der Gesellschaft nach ihrer Ausbildung. Mangel an didaktischen Materialien, Gelegenheiten an Deutschlernenden nach Deutschland zu reisen, um sich weiterzubilden. Schüleraustausch und Kommunikationsproblem sind neue Herausforderungen. Für den, der Deutsch als Fremdsprache erlernt, sind Wörter gleichsam Fenster in eine andere Welt .Sie befördern die Lust, sich auf eine fremde Welt einzulassen. Sprachen übergreifend zu lehren, verlangt danach, die Beziehungen zwischen den Sprachen. Unsere Erfahrung ist aber gering, denn zum Beginn lag die Aufmerksamkeit immer stärker auf Erstellung und Austausch.

Die Verwendung der erhaltenen Arbeitsmaterialien trat auch aus Zeitgründen zurück und die Forschung könnte weiter intensiviert werden.

Jedoch haben wir zwei wichtige Vorschläge, deren Aspekte sehr wünschenswert sind.

1. Intensives Lernen der Fremdsprache Deutsch mit didaktischen Materialien (Lehr-und Lernwerken nach dem Programm, Wörterbücher für die Lernenden und die Forschung in der Bibliothek, Audio-visuelle Medien) und durch Schüleraustausch im Deutschclub am Beispiel.
2. Starke Zusammenarbeit mit anderen Schülern (Deutschlernenden) und Deutschlehrern Innen sowie mit den Fachberatern.
Eine Politik der Integration der Lernenden mit Hilfe der Regierung und Akteure des Erziehungs- und Bildungswesens mit interessanten Projekten im Zusammenhang mit der Bildung.
Solche Treffen und Handeln würden auch ein ideales Rekrutierungsfeld für deutsche Partnerschaften und weitere Länder bieten. Ebenso werden diese Handlungen intensive und aktuelle Kenntnisse über Deutschland vermitteln.

Appendice

QUESTIONNAIRE DE RECHERCHE AUX ADMINISTRATIONS DES
ETABLISSEMENTS PUBLICS ET PRIVES

Dans le cadre de l'enquête sur le terrain en vue de notre mémoire de BAPES ;
intitulé : l'enseignement - apprentissage de l'Allemand langue étrangère dans
les établissements secondaires au Bénin : Réalités et perspectives : Cas du CEG
Zinvié dans la commune d'Abomey – Calavi. Nous prions les administrations
des établissements ciblés de bien vouloir nous fournir d'informations utiles
pour ce travail.

D'avance merci.

1. Depuis quand l'Allemand s'enseigne – t – il dans votre établissement ?
2. Combien de promotions apprennent l'Allemand dans votre
   établissement ; précisez – les ?
3. Combien de professeur d'Allemand encadre ces promotions ? nommez –
   les !
4. Quel est leur statut social ?
   APE ☐ ACE ☐ Contractuel local ☐ Autres ☐ ....
5. Quel est l'effectif par an des élèves apprenant l'Allemand sur les deux ou
   cinq dernières années ?...........
6. Quelle(s) appréciation(s) faites vous quant à la motivation des élèves
   pour l'Espagnol ?..............
7. S'il vous était donné d'orienter vos élèves dans le choix d'une des deux
   langues étrangères, laquelle leur conseilleriez – vous ? Pourquoi ?........
8. Qu'est-ce qui explique, à votre avis, le désintérêt affiché par plusieurs
   élèves quant à l'apprentissage de l'Allemand ?
9. Quelles suggestions ou contributions pouvez-vous faire pour que
   l'apprentissage de l'Allemand soit bénéfique aussi bien pour l'apprenant
   que pour la société ? la nation béninoise ?
10. Enumérez quelques –unes des difficultés auxquelles votre, établissement
    est confronté en matière d'apprentissage de l'Allemand !

....

Merci !